NOTRE-DAME
DU
PUY

LE PUY
Imp. A. Pradès-Freydier
PLACE DU BREUIL
—
1895

ERRATUM

Page 30. Au lieu du 8 mai, *lire* : **8 juin.**

NOTRE-DAME
DU
PUY

LE PUY
Imprimerie cath. A. Prades-Freydier
PLACE DU BREUIL
—
1895

*La lecture de l'*Instruction pastorale *de Mgr Guillois* pour le carême de 1895, *nous a inspiré le désir d'apporter notre modeste collaboration à l'œuvre indiquée par le premier pasteur de notre diocèse* : encourager la dévotion à Marie et rendre au pèlerinage du Puy un peu de cet éclat qu'il avait autrefois.

Et nous avons pensé qu'un des moyens les plus efficaces serait une histoire populaire de Notre-Dame, brochure de propagande, qui pénétrerait partout, redisant ce qu'ont été le sanctuaire et le pèlerinage et par là même ce qu'ils doivent redevenir.

Nous l'avons extraite du mandement de Mgr de Morlhon, de celui de Mgr Guillois et de l'histoire de M. Monlezun.

Que Notre-Dame du Puy bénisse notre travail.

25 Mars 1895, fête de l'Annonciation.

Permis d'imprimer :

Le Puy, 25 mars 1895.

G. de PÉLACOT.

NOTRE-DAME DU PUY

ORIGINES DU SANCTUAIRE

Saint Georges fut envoyé par saint Pierre dans nos contrées : c'est la tradition de l'église du Puy. A cette époque, il y avait sur le Mont-Anis un immense dolmen dont on voit encore un débris au sommet du grand escalier de la Basilique : il attestait qu'à une époque plus reculée les druides y avaient offert leurs sacrifices sanglants.

A quelques lieues de là, à *Ruessium*, aujourd'hui Saint-Paulien, une pauvre femme, convertie par saint Front, le compagnon de saint Georges, se mourait d'un mal qu'on n'avait pu conjurer. Soudain, pendant qu'elle dormait, elle crut entendre une voix qui lui disait de se rendre au Mont-Anis, sur la pierre druidique, et là, d'attendre les ordres qui lui viendraient d'en Haut. Elle ne doute pas que c'est la Mère de Dieu qui vient de lui parler. Pleine de confiance, elle s'empresse d'obéir ; elle se fait transporter à l'endroit indiqué. A l'instant même, un sommeil mystérieux s'empare d'elle. Marie lui apparait dans une éclatante lumière, environnée d'anges et de saints. « Levez-vous de cette pierre, ma fille, lui dit-elle, votre foi vous a sauvée. Allez de ma part trouver mon serviteur Georges. Vous lui direz que j'ai choisi ce lieu pour y recevoir les hommages de mes fils et répondre favorablement à leurs vœux. » A ces mots, la vision s'évanouit et la malade se réveilla guérie.

Saint Georges, à la nouvelle de cet événement, s'empressa d'accourir au Mont-Anis. On était alors en juillet et la chaleur du soleil avait fondu depuis longtemps la neige des montagnes. Quelle ne fut donc pas la surprise de l'évêque, en trouvant le sommet de l'Anis couvert d'une épaisse couche de neige ! Et, pendant qu'il admirait ce phénomène étrange, voici qu'un cerf s'en vint, d'un pied léger, tracer sur cette neige l'enceinte bien dessinée d'une église. Il n'y avait plus à douter. Marie confirmait par ce double prodige la vision de la femme de Ruessium.

Saint Georges aurait alors prédit la future gloire du Mont-Anis : à son appel, saint Martial, l'apôtre de l'Aquitaine serait venu vérifier lui-même le miracle. Il aurait désigné sur le sommet du mont l'emplacement de l'autel, et laissé, en souvenir de son voyage et en témoignage de son assentiment à ces merveilles, un soulier de la Très-Sainte Vierge que l'on conserve encore dans le trésor de la cathédrale.

Cependant saint Georges n'a ni le temps, ni les ressources nécessaires pour élever lui-même le sanctuaire réclamé par la Mère de Dieu. Il fait seulement entourer l'enceinte sacrée, tracée par le cerf, d'une haie d'aubépines, qui, dit-on, se couvrit aussitôt de fleurs.

ÉRECTION ET CONSÉCRATION

Deux siècles se passent : saint Vosy a succédé à saint Paulien : un nouveau prodige opéré sur le Mont-Anis ne lui permet pas de différer plus longtemps la construction du sanctuaire; il ne faut rien moins que cette nouvelle manifestation de la volonté d'en Haut pour faire consentir les habitants de Ruessium à la translation du siège épiscopal.

Le souverain Pontife est consulté : non seulement il autorise ce transfert, mais il donne lui-même à saint Vozy un habile architecte, Scutaire, qui élèvera, dans les limites indiquées, le temple demandé par Marie.

L'édifice est terminé : avant de procéder à la consécration, le prélat résolut de se rendre encore une fois dans la Ville Éternelle et d'en rapporter des reliques des Saints Martyrs. Il se mit donc en route, accompagné de saint Scutaire. Nos voyageurs arrivaient à peine sur les bords de la Loire, tout près du lieu où s'élève aujourd'hui le Petit Séminaire de la Chartreuse, quand ils rencontrèrent deux étrangers portant des reliquaires précieux. « Retournez sur vos pas, leur dirent les deux vieillards, emportez ces reliques au sanctuaire du Mont-Anis, et ne vous mettez plus en peine de pourvoir à sa dédicace. Les Anges, en ce moment même, répandent sur l'autel l'huile sainte de la consécration. »

Etonnés et ravis, nos pèlerins se hâtent de revenir à la montagne bénie. A leur approche — ô merveille, — des hymnes joyeux chantés par des chœurs invisibles se font entendre ; les portes de l'Eglise s'ouvrent d'elles-mêmes ; et le sanctuaire apparaît encore humide de l'huile sainte que les Anges y ont répandue, encore embaumé de l'odeur suave des célestes parfums, resplendissant de la clarté de milliers de cierges dont deux sont parvenus jusqu'à nous.

Le pèlerinage est créé : il prend chaque jour une extension nouvelle : Jésus se plaît à y multiplier les prodiges en l'honneur de sa Mère : guérisons et conversions attestent que c'est *bien la maison de Dieu et la porte du Ciel* : ces miracles établissent un courant qui entraîne à la *Chambre Angélique* les pèlerins de tout rang, de tout âge, de tout pays ; la construction primitive est insuffisante à contenir les multitudes et chaque siècle apporte sa pierre pour l'édification de cette cathédrale si imposante et si grandiose.

LES PÈLERINS DE NOTRE-DAME

LES PAPES

C'est le pape Urbain II qui ouvre la série des pontifes pèlerins de Notre-Dame du Puy. Au milieu d'un concile tenu à Plaisance en 1094, il a rendu publique sa pensée sur une croisade à entreprendre contre les Musulmans. Les Italiens n'ayant pas su ou voulu le comprendre, il se retourne du côté des Français, et, au mois de juillet 1095, il traverse les Alpes, se dirigeant par Valence, vers la cité du Puy, dans l'intention d'y célébrer un second concile et d'en appeler à tous les chrétiens de l'Europe. Grande fut la foule de ceux qui voulurent visiter le sanctuaire angélique à la célèbre fête du mois d'août, quand on sut l'arrivée prochaine du Souverain Pontife et la cause de son voyage. Tout ce qu'il y avait de cœurs nobles et généreux dans la province désirait le voir et entendre ses paroles : au jour fixé, de chaque manoir féodal, le long des routes comme par les rudes sentiers qui conduisaient à la cité d'Anis, accoururent avec les habitants des campagnes les chatelains, suivis de leurs dames, de leurs enfants, de leurs vassaux. L'évêque, *Adhémar de Monteil*, avait répondu par de grands préparatifs à l'enthousiasme populaire et d'avance tout se trouva disposé pour qu'une assemblée générale put se tenir dans une des plus vastes places de la ville où furent réunis ceux qui, déjà dans leur cœur, avaient formé le projet de prendre les armes pour aller défendre la sainte cause de Dieu.

Urbain II est introduit dans l'*église angélique* par une porte que l'on pratique à cette occasion du côté du Fort, et que, par respect pour le vicaire de Jésus-Christ, on murera aussitôt après son départ pour qu'elle ne s'ouvre que devant les papes ses successeurs.

Urbain célébra avec pompe la fête de l'Assomption et passa presque toute la journée au pied de l'autel de Marie.

Le lendemain, le Souverain Pontife se rendit au milieu de l'illustre assemblée et se plaça sur une estrade qui dominait et attirait les regards. En outre des personnages de sa suite, on voyait à ses côtés, l'évêque Adhémar, et les abbés des trois monastères : Guillaume IV, chef de la grande abbaye de Saint-Théofrède, Ponce de Tournon, abbé de la Chaise-Dieu et Jarenton, prieur de Chamalières : avec eux, le chapitre de Notre-Dame : et, autour de l'estrade, en forme de vaste cercle, par ordre de puissance et de noblesse, les seigneurs du Velay et ensuite tout le populaire.

Le Souverain Pontife donne un libre cours à ses exhortations et à la fin de son discours, en son propre nom, au nom des prélats qui l'accompagnent, d'Adhémar, l'évêque du Puy, des abbés présents qui étaient là debout, et confirmant ses paroles, ayant promis l'éternelle récompense du Ciel et les infinies bénédictions de Dieu à tous ceux qui combattraient pour la délivrance de la Terre Sainte, une immense acclamation s'éleva du milieu de la nombreuse assemblée et tous promirent de prendre part à la grande expédition. Urbain II leur assigna rendez-vous à Clermont pour le mois de novembre, mais l'élan était donné, l'enthousiasme avait pénétré dès lors au cœur des populations vellaves.

Pascal II vint à son tour visiter l'église Angélique, 14 juillet 1107. Les 15 et 16 avril 1119, Calixte II, récemment promu à la Papauté et couronné à Valence, en Dauphiné dont il était archevèque, vient placer les prémices de son pontificat sous le patronage de Notre-Dame du Puy.

Gélase II fuyant les violences de l'empereur Henri V l'avait précédé dans ce sanctuaire : il y avait paru un an auparavant, décembre 1118, venant d'Alais et s'avançant vers l'abbaye de Cluny où il mourut peu après son arrivée.

Innocent II (octobre 1130) et Alexandre III, chassés de Rome comme Gélase et comme lui obligés de venir demander un asile à la France, refuge ordinaire des papes persécutés, placèrent sous la protection de l'auguste patronne du Velay, le vaisseau de l'Eglise si agité durant tout le douzième siècle.

Voici comment les chroniques de

notre cathédrale parlent de la visite d'Alexandre III, août 1162 :

On s'avança processionnellement à sa rencontre jusqu'à une demi-heure de la ville. Il était en rochet et en camail, monté sur une haquenée blanche et suivi de sept cardinaux et de quelques évêques, tous montés sur des mules et revêtus de la chape romaine. La multitude s'agenouillait sur son passage et se pressait autour de lui Chacun ambitionnait le plaisir de toucher ses vêtements et plusieurs se précipitèrent pour y parvenir. Ces marques de foi et de piété faisaient palpiter de joie le cœur du Pontife. Il s'arrêtait pour donner à tous sa bénédiction et se laissait environner de la foule, sans permettre qu'on la repoussât pour faciliter son passage.

On l'introduisit dans le sanctuaire par la porte papale. Il y resta plus d'une heure en oraison et durant trois jours qu'il demeura dans la ville, il ne manqua pas de célébrer tous les matins les saints mystères et de se rendre ensuite avec exactitude à l'office de vêpres et de matines. Trois ans après, 30 juin 1165, nous le retrouvons prosterné dans la sainte basilique pour prier la Vierge qui y présidait de le ramener dans la ville sainte, où il ne tarda pas en effet de rentrer.

LES SAINTS

Les hommes éminents par leur sainteté n'ont point manqué de venir s'agenouiller sur les dalles de la chapelle angélique et de porter à la Vierge du Mont-Anis le tribut de leur vénération et de leurs prières. Forcé par notre cadre de passer rapidement, nous citerons saint Calmin le fondateur de l'abbaye du Monastier, saint Eudes et le glorieux martyr saint Théofrède, les deux premiers abbés de ce monastère ; le fondateur de l'ordre de Grammont, saint Etienne ; saint Hugues, évêque de Grenoble ; trois abbés de Cluny, saint Mayol qui guérit un aveugle sur la route du Puy ; saint Odilon et Pierre le Vénérable, ses successeurs ; saint Robert le fondateur de cette illustre abbaye de la Chaise-Dieu, qui si longtemps fut l'un des plus ardents foyers des vertus monastiques et qui eut la gloire de donner à l'église, au xiiie siècle, l'un de ses papes, Clément VI. Il nous faut ajouter, continuerons-nous avec Mgr Guillois, à cette liste, déjà si glorieuse et si longue, les grands apôtres du moyen-âge ; saint Dominique, saint Antoine de Padoue, saint Vincent Ferrier, et, plus près de nous, saint François-Régis.

Au plus fort de la lutte contre les Albigeois, Dominique, convaincu qu'on n'obtiendrait aucun résultat par la force des armes, vint demander à la reine du Mont-Anis la conversion des hérétiques. C'est là, aux pieds de Notre-Dame, qu'il puisa le secret de son irrésistible éloquence. N'est-ce point là aussi, comme le rapporte la légende, qu'il reçut l'inspiration d'instituer le saint Rosaire ?

Pourquoi ne pas rappeler que c'est au Puy que nous voyons s'établir, pour la première fois, l'usage de réciter et de sonner l'*Ave Maria* non seulement le matin et le soir, mais aussi tous les jours, à midi ?

Les annalistes du Puy racontent ainsi ce fait :

En 1449, une pieuse veuve du Puy, nommée Agnès Montel, par zèle pour la gloire de la mère de Dieu, commença à constituer une rente perpétuelle pour que le matin, à midi et le soir, on avertit le peuple au son de la cloche, que c'était l'heure de se recommander à la Vierge et de la saluer avec l'Ange, en mémoire de l'Incarnation.

Cette pratique se répandit bientôt du Puy dans toute l'église et cinq ans plus tard (1455), le pape Calixte III en consacra définitivement l'usage par une Bulle qu'il accompagna de très riches indulgences.

« C'est aussi dans notre cité que fut composé le *Salve Regina* que l'on appelle pour cela l'*Antienne du Puy*. Son auteur, Adhémar de Monteil, en fit le chant de guerre des premiers croisés. Prière admirable qui paraît plus suave et plus touchante encore quand on la récite dans la Basilique Angélique ».

Quelques années après saint Dominique, saint Antoine de Padoue vint à son tour au Puy Notre-Dame. Il y fut pendant deux ans le gardien du couvent des Franciscains et s'y rendit célèbre par ses vertus, son éloquence et son esprit de prophétie.

Saint Vincent Ferrier, un dominicain, le grand missionnaire des premières années du xve siècle fut également l'un des dévots de Notre-Dame du Puy : il y arriva le 3 octobre 1416. Aucun prédicateur dans tout le moyen-âge n'eut autant de renom que saint Vincent. Dès qu'on savait qu'il devait se faire entendre, on accourait de tous les pays environnants, jusqu'à la distance de dix, de quinze, de vingt lieues : les églises n'étaient jamais assez vastes. Au Puy, on choisit l'immense prairie du Breuil, on y dressa un autel, et à quelques pas de l'autel un vaste amphithéâtre. Vincent y prêcha pendant quinze jours consécutifs, sans que sa voix s'altérat ou même s'affaiblit ; bien que son corps fut usé. Le pieux orateur mourut deux ans après dans la Bretagne. Plus tard, au xviie siècle, le Puy eut le bonheur de posséder, pendant sept années, un apôtre non moins célèbre, saint François-Régis. Il résidait au collège de la ville qui était alors dirigé par les enfants de saint Ignace. C'est de là qu'il partait, le crucifix en main, le nom béni de Notre-Dame sur les lèvres, pour évangéliser les bourgs et les campagnes du Velay : c'est aussi au pied de l'image de Notre-Dame du Puy qu'il revenait faire à Dieu et à sa divine Mère l'humble hommage des conversions si nombreuses qui signalaient partout ses prédications.

Pourquoi ne pas citer encore parmi nos souvenirs de gloire et d'édification, la grande réformatrice de l'ordre des Clarisses, sainte Colette, qui resta pendant deux ans au Puy Notre-Dame.

Après ces personnages honorés d'un culte public, nous citerons en terminant, cette énumération déjà bien longue, le nom vénéré de la Mère Agnès de Jésus. Ce fut devant la statue de Notre-Dame, que la fille de Pierre Galland, le coutelier, et de Catherine Massiotte fit, avec son cœur d'enfant, ses premiers vœux de pureté angélique et d'héroïque pénitence. Notre-Dame bénit cette volonté si précoce. Sous son regard maternel, le beau lys grandira et la jeune Agnès deviendra *la Sainte de Langeac*. Le Saint-Siège l'a déjà déclarée Vénérable : hâtons par nos vœux et nos prières le jour où il la placera sur les autels.

Mais nommer la Mère Agnès de Jésus, n'est-ce pas nommer en même temps M. Ollier, le saint fondateur de la pieuse et savante société des prêtres de Saint-Sulpice ? Personne n'eut plus de dévotion à Notre-Dame du Puy : « A ses pieds, disait-il, je finirais ma vie avec joie ; car je lui suis redevable, par la Mère Agnès, de toutes sortes de grâces. »

LES ROIS ET LES GRANDS

Les rois de France avaient précédé les papes dans l'Eglise angélique. Une des grandes figures de notre monarchie, l'empereur Charlemagne, traça la route à ses successeurs et fonda à côté du Chapitre de Notre-Dame, les chanoines pauvres ou de *paupérie* qui ont subsisté jusqu'à la Révolution. Louis le Débonnaire, Charles le Chauve, héritiers de son sceptre impérial et de sa piété, mais non de son courage et de son génie, suivaient cet exemple et, longtemps après eux, les rois Eudes et Robert.

Louis le Jeune et Philippe Auguste,

près de quitter la France voulurent placer et leurs personnes et leur royaume sous la tutelle de la reine du Ciel; ils gravirent le mont Anis, l'un en 1146 et l'autre en 1188. La haute piété du roi saint Louis devait le conduire dans le sanctuaire de Marie le plus renommé de ses Etats. Il s'y montra à deux reprises La dernière, il venait remercier la Mère de Dieu d'avoir brisé ses fers et protégé son retour en Europe. Marguerite de Provence, sa femme, l'accompagnait ; et, tandis que le prince qui avait déjà doté notre église d'une sainte épine de la couronne de Notre-Seigneur, lui laissait aussi une statue apportée d'Egypte, la reine détachait le diadème de perles qui parait sa tête et le déposait sur l'autel, au pied de la statue, en signe de dépendance.

Philippe III et Philippe IV imitèrent le saint roi et pour gage de leur piété ils laissèrent au Puy, le premier une croix d'or enrichie d'une parcelle de la vraie croix et d'une partie de l'éponge imbibée de fiel et de vinaigre, présentée à Jésus par ses bourreaux, et le second un magnifique calice aussi d'or. Charles VI visita à son tour notre église, accompagné des ducs de Berry et de Bourgogne. Il venait y chercher la guérison du mal cruel qui le dévorait.

Charles VII y fit plusieurs pèlerinages : poursuivi par la haine implacable d'une mère dénaturée, trahi par la victoire, pressé par ses ennemis, abandonné de la plupart des siens, refoulé au fond de nos montagnes, il remit entre les mains de notre puissante Vierge sa cause alors désespérée. Ayant appris la mort de son père au château de Mehun-sur-Yèvre, il se rendit au Puy, habita le manoir épiscopal d'Espaly, et y fut salué roi par quelques partisans fidèles. Aussi quand il eut repris une à une et réuni sous son sceptre les provinces envahies par l'Anglais, le prince religieux qui était venu demander à la patronne du Velay de bénir ses armes, se fit-il un devoir de lui faire hommage de ses triomphes et de ses succès.

Après lui Louis XI, le chrétien à la piété si bizarre, accomplit deux fois le voyage du Puy et s'y montra toujours en pèlerin.

Enfin, Charles VIII et François Ier,

l'un échappé presque miraculeusement à ses ennemis, après la perte du royaume de Naples, l'autre sorti de la dure captivité qui avait failli lui coûter la vie, vinrent eux aussi se prosterner dans le sanctuaire où s'étaient agenouillés un si grand nombre de leurs prédécesseurs, et acquitter les vœux que, dans leur détresse, ils avaient faits pour leur délivrance.

Peu contents de visiter le sanctuaire de Marie, plusieurs de nos monarques voulurent revêtir ses livrées et tinrent à honneur de prendre place en surplis et en aumusse à côté des chanoines.

Ainsi il se fit que, jusqu'en 1789, les rois de France et leurs fils ainés comptèrent parmi les membres de notre Chapitre cathédral.

Nos rois avaient donné l'exemple. A leur suite, nous trouvons dans le sanctuaire de Marie, des rois d'Aragon et de Naples, des princes du sang, de hauts et puissants seigneurs, un comte de Bigorre qui fit hommage de son comté à Marie, comté dans lequel se trouvait la forteresse de Lourdes ; plusieurs comtes de Toulouse ; un duc de Bourgogne ;

Charles, duc de Guyenne, frère de Louis XI; Louis II. duc de Bourbon, Vendôme, des cardinaux. des évêques. des guerriers célèbres. Nous n'aurions garde d'omettre Isabelle Romée, la mère de Jeanne d'Arc la Vénérable.

Quand les sommités marchent les premières, les masses suivent toujours : ou plutôt le peuple à la foi naïve aux besoins plus nombreux. devance d'ordinaire les grands dans les sanctuaires vénérés. On accourut au Puy, non seulement de toutes les provinces de la France, mais encore des royaumes voisins. On y vit arriver jusqu'à des Polonais et des Grecs : les pèlerins espagnols furent si nombreux surtout, qu'on bâtit un hospice à Toulouse pour les héberger à leur passage; ils venaient honorer et prier leur *Dame de France*.

On voyageait la nuit et le jour, avec des difficultés inouïes, des fatigues et des privations de toutes sortes, par des sentiers dont il n'est pas possible de se faire une idée. Mais Notre-Dame du Puy protégeait ses fidèles. Et quand, du haut des montagnes qui environnent la ville, les pèlerins apercevaient la cathédrale et le sommet béni du Mont Anis, oubliant à l'instant toutes leurs souffrances, ils tombaient à genoux, disent les chroniques, et saluaient Notre-Dame. Puis, l'âme joyeuse, ils se rangeaient en procession, ils déployaient leurs oriflammes et leurs bannières, et, graves, recueillis, il s'avançaient lentement, en chantant des cantiques, jusqu'au pied de la Statue vénérée.

LA STATUE DE NOTRE-DAME

HOMMAGES RENDUS

Ainsi que nous l'avons indiqué déjà, dans son pèlerinage au Puy, saint Louis y avait laissé très probablement une statue qui venait d'Égypte. Elle était d'ébène et représentait la Vierge assise sur une espèce d'escabeau et tenant l'Enfant Jésus sur ses genoux. Des bandelettes fortement serrées à la façon des momies égyptiennes, enveloppaient l'image du Fils et de la Mère et ne laissaient apercevoir que les visages.

Elle fut placé sur un des côtés du maître-autel, le corps de saint Domnin occupant l'autre côté. Afin de mieux satisfaire la dévotion des fidèles, il fut décidé que cette statue serait portée en procession et qu'un reposoir façonné en forme d'arc serait dressé devant la porte des Farges : on y placerait la Vierge. Le terrain ne pouvait être plus mal choisi :

la rue descendait en pente rapide et la multitude se pressait compacte et serrée pour contempler les traits sacrés. Une personne tombe, d'autres s'abattent sur elle. Leurs cris augmentent le désordre : on s'étouffe, on s'écrase et, quand la foule s'est écartée, on ne compte pas moins de 140 victimes. L'évêque et le Chapitre décrétèrent de célébrer tous les ans un service solennel qu'on appela le service des transits (des trépassés).

Depuis cette catastrophe, la statue de Marie ne fut portée dans les rues qu'à de rares intervalles et dans des occasions solennelles ; mais toujours sa sortie attira la multitude. La Vierge s'avançait précédée de tout le clergé et de tous les ordres religieux, et escortée de ses quatre barons, souvent portée sur leurs épaules, ou à leur défaut, sur les épaules de quatre autres personnes de marque.

Ces grandes processions avaient lieu deux ou trois fois par siècle.

Nous reproduisons le récit de la procession du 22 avril 1630. Un tableau que l'on voit appendu à l'un des murs latéraux de la basilique rappelle cette cérémonie et en montre toute l'ordonnance. On y lit l'inscription suivante : « Vœu fait et rendu par tous les ordres des habitants de la ville du Puy. le 22 avril 1630, rendant grâces à Dieu de les avoir délivrés du mal de la peste duquel moururent dix mille et plus desdits habitants l'année précédente ; cette faveur leur étant arrivée par les prières puissantes de la glorieuse Vierge, leur bonne dame et patronne, de laquelle a été porté solennellement en procession la sainte image comme est ici dépeinte. » Plus bas sont quatre vers latins que nous traduisons : « O Vierge recevez ce tableau qui vous est consacré. Souvenez-vous du pays d'Anis. Eloignez de lui les fléaux et venez lui toujours en aide dans ses malheurs. Ainsi-soit-il. »

Le Chapitre avait député seize de ses membres pour porter successivement le brancart de la Vierge, au-dessus duquel les six consuls soutenaient un dais de damas rouge, semé de fleur de lys d'or ; quatre chanoines les précédaient de quelques pas, la mitre sur la tête. Derrière la Vierge marchait le doyen du chapitre, Jean Laurens, qui remplaçait l'évêque alors absent et qui donna la bénédiction en touchant de sa main *le saint image* et en l'étendant ensuite sur la foule agenouillée à ses pieds.

En 1709, Claude de la Roche-Aymon, évêque du Puy, ordonne une procession générale où la statue de Marie fut portée et qu'il voulut conduire lui-même en habits pontificaux.

Onze ou douze ans plus tard, une épidémie, peut-être plus désastreuse que toutes celles qui l'avaient précédée, la peste qui désola Marseille et fit trembler tout le midi de la France, étendit ses ravages jusqu'aux portes de la ville du Puy. Elle menaça longtemps de l'envahir ; mais elle n'y entra point et s'éloigna enfin tout à fait dans les premiers mois de 1723. L'évêque Godefroi-Maurice de Conflans rendit grâces à Marie d'une protection aussi sensible et fit porter solennellement son image dans toute la ville, le 3 mai. (Monlezun.) Depuis cette époque, la Vierge noire ne sortit plus de la basilique.

SA DESTRUCTION

Nous sommes au 19 janvier 1794. Ce jour là, la Vierge Noire a été dépouillée de ses richesses et mise à nu, arrachée du maître-autel de la Cathédrale et transférée aux archives de l'église.

Cette première profanation devait être suivie à quelques mois de distance d'une autre, plus grave encore, et malheureusement irréparable.

La reine des cieux, dit M. Péala, voulut, ce semble, s'associer en quelque sorte à la glorieuse troupe de nos martyrs dont elle est aussi la reine, en permettant que sa statue, vénérée depuis si longtemps dans son église de Notre-Dame du Puy, fut traînée au bûcher par ces hommes sanguinaires qui conduisirent nos martyrs à l'échafaud et qu'elle fut brûlée sur la même place où leur sang coulait comme sans interruption. C'est le 8 mai 1794 qu'eut lieu la consommation de cette iniquité sacrilège.

Ce jour était un décadi et les catholiques fidèles célébraient dans l'ombre et le secret la solennité de la Pentecôte. Il était cinq heures du soir. La ville du Puy possédait comme représentant en mission, *chargé d'établir dans la Haute-Loire et l'Ardèche le gouvernement révolutionnaire et autorisé à y prendre les mesures de salut public*, un nommé Guyardin.

Assisté du maire, de quelques officiers municipaux, de plusieurs membres du directoire du département, escorté de canonniers, de gendarmes, d'un piquet de troupe de ligne, suivi de la charrette du déboueur, Guyardin et son cortège se rendent aux Archives de la Cathédrale ; il se fait remettre le précieux dépôt qu'elles renferment, et avec la Vierge Noire, on entasse sur cette charrette, tableaux, statues d'église, papiers précieux et on se rend à l'Hôtel-de-Ville : un canonnier se permettant sur le parcours toute sorte d'horreurs contre la sainte Image.

Arrivée à destination, des curieux ou plus vraisemblablement, des gens bien intentionnés la firent porter dans une des salles de la mairie. D'un coup de sabre un canonnier lui ayant coupé le nez, elle fut reconnue pour être de bois de cèdre. Le citoyen Bertrand-Morel (1) opine pour qu'elle soit conservée comme antiquité curieuse et, à ce titre, déposée dans un musée.

Impossible de faire prévaloir son avis et on la traîne sur la place du Martouret, sur cette place qui a déjà vu couler tant de sang et qui en sera arrosée si longtemps encore.

On met le feu au bûcher ; les spectateurs sont nombreux ; les uns ne peuvent contenir leur joie en voyant disparaî-

(1) Bertrand-Morel qu'il ne faut pas identifier avec le citoyen Bertrand Mathieu, maire, avait été officier municipal en 1791, mais il ne l'était plus depuis 1792, et c'était simplement comme membre du club de la Société populaire qu'il assistait le 8 juin, à l'hôtel-de-ville, à la discussion relative à la statue de Notre-Dame du Puy.

Il fut le seul à élever la voix en sa faveur. Son avis ne prévalut pas, mais il n'en fit pas moins de louables efforts pour s'opposer à cette destruction voulue par tous, il y avait alors un certain mérite à parler comme il le fit : personne ne pouvait se méprendre sur le véritable mobile de sa protestation ; la Terreur était alors à son paroxysme, et paraître s'intéresser à un objet religieux était très dangereux, il n'en fallait pas tant pour devenir suspect et *être traité comme tel.*

tre *ces hochets de la superstition et du fanatisme*, comme ils les appellent ; les autres, et c'est le plus grand nombre, sont profondément attristés de ce sacrilège ; ils sont venus avec l'espérance de sauver peut-être quelque chose des flammes ; tous leurs efforts devaient être inutiles.

Quand la statue fut brûlée d'un côté, un soldat prenant une perche : *A présent que tu t'es rôtie d'un côté*, dit cet impie, *il faut que tu te brûles de l'autre*.

En ce moment, le feu fait sauter les charnières d'une petite porte qui se trouvait au bas de la statue et il en sort un petit rouleau qu'un des assistants, le grand père de M. l'abbé Urbe, veut prendre et conserver.

Ceux qui font la haie le repoussent brutalement avec ce mot : *Il faut que tout se brûle.*

Et quelques heures après, le déboueur nettoyait la place du bûcher, enlevait les cendres et les autres débris et les portait dans un champ situé sous RocheArnaud.

Ainsi disparut cette Image précieuse que la tradition et les monuments historiques faisaient remonter à saint Louis, cette statue aux pieds de laquelle étaient venues se prosterner toutes les générations du Velay et d'une grande partie de la France, qui pendant 539 ans avait été la sauvegarde et la richesse de la province et que cette raison seule eut dû suffire à protéger contre les violences d'un brutal vandalisme.

M. Péala avait été induit en erreur en désignant les personnages qui faisaient partie de la municipalité du Puy en juin 1794 et qui avaient pris part à cet acte. L'arrêté du 17 frimaire, an II, (7 décembre 1793) qui les plaça au pouvoir ne cite qu'un seul nom sur les trois, Mitz Samuel, juif de Paris.

Laissons à ceux qui l'ont prise la responsabilité de cet autodafé révolutionnaire et concluons avec l'*Auteur de la Conférence de 1844* : Heureusement la dévotion à Notre-Dame du Puy était attachée au lieu et non à une statue et tout nous atteste que l'église de Notre-Dame est toujours un des sanctuaires privilégiés que Marie a choisis pour y faire ressentir les effets merveilleux de sa toute puissante protection.

Des fêtes de réparation ont été célébrées en 1894, dans l'insigne basilique. Annoncées par Mgr Petit, dans son mandement d'adieu à son diocèse, elles commencèrent le 8 juin : Le Salut de ce jour réunissait une assistance aussi nombreuse qu'aux plus grandes solennités.

Dans le cœur avaient pris place M. de Pélacot, vicaire général, qui présidait la cérémonie ; M. Barès, autre vicaire général ; les membres du Chapitre ; M. le Supérieur ; MM. les Directeurs et les élèves du Grand-Séminaire ; beaucoup de prêtres de la Ville.

M. l'abbé G. Arsac prit la parole et, rappelant tous les souvenirs historiques qui donnaient lieu à cette réunion, il en déduisit avec une émouvante éloquence les conséquences pratiques. Son discours produisit la plus vive impression.

Cette première fête eut son couronnement le 17 juin. C'était la clôture d'un *Triduum* prêché par un enfant du Puy, religieux capucin de la province de Lyon, le R. P. Evariste, né de Longevialle.

Elle fut présidée par S. Em. le cardinal Bourret, évêque de Rodez : ce prince de l'Eglise, enfant de nos montagnes, et voué par sa mère à Notre-Dame du Puy, venait offrir les prémices de sa pourpre romaine à la Vierge d'Anis, avant même de rentrer dans son diocèse.

PRIVILÈGES DE L'ÉGLISE ANGÉLIQUE

LE JUBILÉ

La faveur la plus remarquable octroyée à l'église du Puy fut, sans contredit, celle du Jubilé. Les Souverains Pontifes accordèrent un jubilé, chaque fois que l'Annonciation, fête principale de l'Église, coïncidait avec le Vendredi-Saint. A quelle époque faut-il faire remonter cette concession ? Il serait difficile de le préciser ; mais, assurément, ce privilège est fort ancien puisqu'en 1418, Élie de Lestrange, évêque du Puy, se trouvant au Concile de Constance, où il avait fait admirer sa haute piété et son vaste savoir, représenta au Pape Martin V, élu dans cette Assemblée, que le sanctuaire de Marie était en possession de ce jubilé depuis un temps immémorial. Trois membres du Sacré Collège, bien instruits tous les trois des choses du Velay, le célèbre Pierre d'Ailly, le prédécesseur de Lestrange sur le siège du Puy, d'où il avait été transféré à celui de Cambrai ; Jean de Brogni, plus connu dans l'histoire sous le nom de cardinal de Viviers. et enfin Amédée de Saluces, évêque de Valence et doyen du Chapitre du Puy joignirent leur témoignage à celui de Lestrange. Le Pape ne put que céder à des autorités si dignes de foi et confirma solennellement au sanctuaire de Marie le privilège dont il jouissait.

Alors, le jubilé ne durait qu'un jour.

Elie de Lestrange obtint que celui de 1418 ne se clôturerait que le mardi de Pâques.

Malgré cette prorogation et les précautions dont l'expérience avait fait sentir la rigoureuse nécessité on eut encore à déplorer la mort de trente-trois pèlerins *étouffés dans la presse.*

A la demande du roi Charles VII, le Souverain Pontife prorogea l'indulgence de 1429, jusqu'au dimanche de Quasimodo : aussi n'y eut-il aucun accident à déplorer.

On fut moins heureux en 1524

Quatre-vingt-quinze personnes périrent près de la porte Saint-Robert et dix-sept à la porte de Vienne.

Ces cruelles leçons ne furent pas perdues pour l'avenir, on s'entoura de plus de précautions.

Enfin, en 1621, Just de Serres qui était assis sur le siège de Saint-Vosy intéressa à sa demande le roi Louis XIII : Ce prince, si dévôt à Marie, joignit sa prière à celle de l'Evêque, en faveur *d'une des églises de son royaume à laquelle il avait plus d'amour et de singulière dévotion.* Le pape Grégoire XV se rendit aux instances qui lui étaient faites et par une bulle, datée du 24 décembre, il étendit pour toujours à la semaine entière le privilège accordé par ses prédécesseurs pour le seul jour de l'Annonciation; en sorte que *les fidèles qui visiteraient le sanctuaire de Marie, un des jours de l'octave gagneraient l'Indulgence du Jubilé.* Le concours de 1622 fut singulièrement remarquable : jamais peut-être on ne vit au Puy tant de prélats et de noblesse. Les provinces entières étaient accourues et des manuscrits assurent qu'il n'y vint pas moins de trois cent mille personnes.

Benoît XIII renouvela la concession de Grégoire XV et il voulut même que l'indulgence fut applicable aux âmes du Purgatoire.

Le jubilé de 1785 fut digne de ceux qui l'avaient précédé, et il méritait de clore la longue série de jubilés si remarquables qui avaient eu lieu. Mgr de Galard, un de ces grands et immortels prélats, comme l'église de France en comptait encore, gouvernait le diocèse : on eut dit qu'au milieu du calme complet dont jouissait notre patrie, on avait dans le Velay je ne sais quel vague pressentiment de la tempête qui allait bientôt s'élever. On courut en foule se jeter aux pieds de Celle que l'Eglise salue du titre d'Etoile de la mer ; mais la société trop coupable avait besoin d'un châtiment. La tourmente ne tarda pas à éclater et lorsque, en 1796, arriva le dernier jubilé du xviiie siècle, nos temples étaient détruits ou fermés, les ministres des autels montaient sur l'échafaud ou bien ils étaient jetés sur la terre étrangère : quelques autres restés dans le Velay étaient forcés de se cacher et d'exercer dans l'ombre et au péril de leur vie, les fonctions sacrées.

Et cependant ce jubilé de 1796, ne fut pas sans profit pour les fidèles : Mgr de Galard obtint une bulle qui permettait de le gagner à l'époque ordinaire et encore dans l'octave de la fête de saint Pierre, *en tel lieu du diocèse que les circonstances le permettraient*. La foi, ravivée par la persécution sut tromper la vigilance et déjouer le mauvais vouloir des ennemis de la religion.

Les fidèles comprirent l'appel de leur Evêque, lorsque, dans son mandement, il leur commentait ces paroles de nos saints Livres : *Un fleuve impétueux réjouit la cité de Dieu* et qu'il leur montrait ce fleuve, grossi par les mérites des martyrs de la Révolution, des confesseurs persécutés pour la foi, martyrs et confesseurs qui sont, disait le prélat, *vos amis, vos frères, vos époux, vos enfants, les auteurs de vos jours*.

Et le pieux Pontife insistait avec complaisance sur cette pensée si touchante : aussi le résultat fut-il extraordinaire. Jamais jubilé ne fut célébré avec moins d'éclat et jamais peut-être jubilé ne produisit plus de fruits de sanctification et de salut.

*
* *

Le jubilé qui devait suivre se fit longtemps attendre et ne tomba qu'en l'année 1842, sous l'épiscopat de Mgr Darcimoles. L'autorité ecclésiastique s'adressa à Rome pour obtenir le renouvellement et la confirmation de l'indulgence autrefois accordée par tant de Papes. Longtemps avant, Mgr de Bonald avait commencé les premières démarches : son vénérable et digne successeur les continua et elles eurent un plein succès. Comme Grégoire XV, Grégoire XVI confirmait l'indulgence et, pour cette fois seulement, il consentait à ce que le jubilé dura pendant douze jours, à dater du jeudi de la semaine Sainte.

Notons en passant que ce sont aussi deux envoyés, originaires du diocèse du Puy qui ont obtenu la confirmation ou l'extension de l'indulgence : l'un, le cardinal de Polignac obtint la bulle de Benoît XIII, l'autre, le comte de Latour-Maubourg, à la sollicitation de Mgr Darcimoles, employa toute son influence pour obtenir le bref de Grégoire XVI.

Cette faveur obtenue, n'était-il pas à craindre que les grandes solennités de l'église angélique ne se ressentissent du changement qui s'était opéré dans les lois, les mœurs, les tendances ? Il n'en fut rien : le dix-neuvième siècle ramena les mêmes foules. A ce jubilé de 1842, on ne compta pas moins de 150.000 pèlerins.

Celui de 1853 fut plus brillant encore, bien qu'il s'ouvrit par un temps exceptionnellement rigoureux : durant plusieurs jours les voies publiques furent complètement obstruées Toutes les paroisses du diocèse étaient invitées : chacune avait son jour : ni neiges, ni frimas, ni fatigues, ni dangers ne purent les arrêter. Aucune ne fit défaut. Certaines paroisses, pour se frayer un passage à travers des montagnes de neige, durent se livrer à des efforts et recourir à des moyens que l'on aurait de la peine à admettre, si ces faits n'étaient pas si rapprochés de nous.

La veille de la clôture, la ville ne renfermait pas moins de quatre-vingt mille étrangers. Il fallut cette nuit et la nuit suivante tenir les églises ouvertes pour donner un abri à ceux qui n'avaient pu en trouver ailleurs. « Nous ne vous le cachons pas, disait quelques jours après Mgr de Morlhon, ce n'est presque qu'à regret et comme malgré nous que nous avions autorisé ces veilles de la nuit dans nos églises. Nous avons voulu visiter nous-mêmes notre cathédrale ; mais qu'avons-nous vu et surtout qu'avons-nous entendu ? Ici des prières, là des chants ; sur tous les fronts rayonnait la joie de veiller dans le sanctuaire de Marie.

« Le jour ne le cédait pas à la nuit. Sous tous les toits, à toutes les heures, de tous les côtés, dans tous les lieux retentissait un nom, nom unique, que nous apportaient tous les échos, que célébraient tous les âges, que fêtaient toutes les professions, qu'invoquaient toutes les classes de la société : Marie, encore Marie, vous n'entendiez que Marie.

« Désormais on croira mieux ce que nous racontent des jubilés passés les anciens documents de notre église. Qu'ont admiré nos pères, que nous n'ayons admiré nous-mêmes ?

Le jubilé de 1864 ne le céda en rien au précédent. Il venait après la proclamation du dogme de l'Immaculée Conception, qui fut si chère à la piété chrétienne, et qui donna un éclat nouveau à toutes les fêtes de la T. S Vierge; après le couronnement solennel de Notre-Dame du Puy, le 8 juin 1856; après l'érection de notre Cathédrale en Basilique mineure; après l'érection et la bénédiction, faite en 1860, de cette statue colossale, et cependant si gracieuse, que l'on appelle Notre-Dame de France. On tint à le fêter avec un redoublement de piété et d'éclat. Les pèlerins vinrent par centaines de mille s'agenouiller aux pieds de la statue de Marie. Comme en 1853, le temps était affreux. Une neige épaisse tombait, s'amoncelant sur les chemins des montagnes; le ciel était couvert de sombres nuages; le froid était intense. Et, d'heure en heure, au plus fort de la tourmente, on entendait les pèlerins qui entraient dans la ville en chantant des cantiques, après avoir franchi des trente, quarante et jusqu'à quatre-vingt-dix kilomètres. Vaillants chrétiens ! ils oubliaient le froid et la fatigue à la vue de la Sainte Basilique. Les habitants sortaient de leurs maisons pour les acclamer, et formaient la haie sur tout le parcours jusqu'au sommet du grand escalier, se retrempant à ce spectacle dans la ferveur de leur dévotion

Tous ces pèlerins étaient admirables. Les Pénitents de Saint-Flour le furent encore plus que les autres, et la venue de ces braves fut peut-être le plus bel acte de foi chrétienne que virent ces jours qu'on ne saurait oublier. La distance à franchir était considérable, cent dix kilomètres ; les chemins, mauvais ; le temps, épouvantable. Attendus le mardi sur les trois heures, ce ne fut qu'à la nuit close qu'ils arrivèrent au Puy, trempés de neige et de sueur, accablés de fatigue, mais le cœur dilaté, et chantant les litanies de la T. S. Vierge. De pieuses femmes les avaient suivis depuis Saint-Flour. Chacun se découvrait sur leur passage, chacun pleurait d'attendrissement devant cette invincible constance ; et plus d'un incrédule peut-être a retrouvé la foi, en les voyant, revêtus de leur grande coule blanche, se prosterner aux pieds de Marie, et recevoir le pain des anges qu'ils étaient venus chercher de si loin.

INDULGENCES ET AUTRES PRIVILÈGES

Les souverains Pontifes ne se sont pas contentés de visiter le sanctuaire du Mont-Anis et d'y pousser les populations par leurs exemples ; ils aidèrent encore au concours par les nombreuses indulgences dont ils enrichirent ce pèlerinage. Nous nous sommes attardé à parler longuement de la plus remarquable ; il en est bien d'autres ; il y en a notamment une plénière pour toutes les solennités de la Vierge, pour la circoncision et pour la dédicace ; une indulgence semblable est encore accordée à tout fidèle qui visitera l'église angélique quelque jour de l'année que ce puisse être, pourvu qu'il se soit confessé et qu'il ait communié. Enfin le Saint-Siège a attaché à l'heureux sanctuaire les privilèges des sept autels ou des stations romaines, en sorte qu'en allant prier aux sept autels de la Cathédrale, on gagne les mêmes indulgences qu'en visitant les sept grandes églises de Rome. Ces sept autels désignés dans la chapelle Angélique étaient ceux de la sainte Vierge, du saint Crucifix, de saint Joseph, de sainte Anne, de saint André, des saintes Reliques et de saint François-Régis. Mgr de Bonald substitua à l'autel des saintes Reliques celui du Sacré-Cœur. Cet ordre de chose n'a pas été changé. Pie IX et Léon XIII ont accordé une indulgence plénière pour les pèlerinages des 25 janvier, 25 mars, 25 juillet et 25 octobre.

L'Evêque du Puy eut part aux faveurs dont les souverains Pontifes comblèrent le sanctuaire de Marie. Son siège fut soustrait à toute juridiction métropolitaine et rattaché immédiatement au Saint-Siège. On ignore l'époque précise où ce privilège fut concédé ; mais nous savons que le pape saint Léon IX le confirma et qu'il réserva pour lui et pour ses successeurs le sacre de l'Evêque. Pascal II fut encore plus explicite dans une bulle de 1105 et enfin Eugène III, dans sa bulle du 1ᵉʳ mai 1145, adressée à l'évêque Pierre, rappelle toutes ces concessions en les éludant. « Nous voulons que vous et vos successeurs ne soyez soumis à aucun autre métropolitain qu'au très Saint-Père, que tous ceux qui vous succèderont soient sacrés de ses mains ou des mains des suffragants particuliers de Rome et nous établissons que votre personne ne sera jugée que par le Souverain Pontife ou par celui à qui il aura donné cette commission ». Au siège du Puy était encore attaché le pallium ; Etienne de Mercœur le reçut en 1052 de saint Léon IX qui lui écrivait : « Nous vous accordons le Pallium, pour le respect dû à la bienheureuse et glorieuse Vierge et Mère de Dieu, dont en cette église d'Anis appelée aussi du Velay ou du Puy, la mémoire est d'une manière plus spéciale et plus affectueuse que dans toutes les autres églises qui lui sont dédiées, honorée, aimée et vénérée par les habitants de la Gaule entière. »

Le Chapitre ne fut pas oublié, Clément IV qui avait été évêque du Puy avant de monter sur le trône pontifical voulut que les chanoines hebdomadiers ne pussent être ni excommuniés, ni interdits, même par un commissaire apostolique, afin, disait-il, *que le service divin ne cessât jamais dans une église aussi auguste.*

Le 8 juin 1856, la Vierge noire qui avait pris la place de celle qui fut brulée en 1794, fut solennellement couronnée au nom du Souverain Pontife Pie IX et en 1860, la cathédrale était érigée en basilique.

PUISSANCE DE NOTRE-DAME DU PUY

Il n'est point en France de sanctuaire que Marie ait honoré d'une protection aussi spéciale. L'espace nous fait défaut pour raconter les faveurs plus ou moins signalées qu'ont obtenues ceux qui l'ont visité, ou qui, ne pouvant s'y transporter en personne, l'ont envoyé visiter en leur nom. Plusieurs de ces faveurs n'ont jamais été connues que de ceux qui en avaient été l'objet, car la piété, même la plus reconnaissante, a sa pudeur et sa timidité. Un plus grand nombre se sont perdues et devaient se perdre dans la nuit des temps; néanmoins on en avait recueilli beaucoup dans des registres, qui ont disparu en 1793. D'autres monuments plus significatifs surtout aux yeux de la multitude, eussent pu les remplacer. Mais ces *ex-voto* appendus aux murs de l'église ou conservés dans les archives ont encore moins trouvé grâce devant l'impiété.

Gissey et Théodore nous ont conservé quelques relations qui nous montrent la Vierge du Puy, secourable dans tous les dangers, commandant aux flots, leur arrachant leurs victimes, maîtrisant les flammes.

Chaque malheur public ou privé trouva aide et secours dans la patronne du Velay, comme chaque maladie et chaque souffrance y trouva guérison ou remède.

Notre-Dame du Puy est-elle moins puissante aujourd'hui? Assurément non : mais elle est peut-être moins invoquée. Sommes-nous fidèles à Notre-Dame du Puy comme les Lyonnais à Notre-Dame de Fourvière?

Malgré quelques difficultés, gravissons la sainte colline au sommet de laquelle se trouve son sanctuaire préféré : elle est toujours là, dans la chambre angélique, ne demandant qu'à répandre ses faveurs sur ceux qui viennent les implorer.

Allons-y avec amour et confiance lui redire souvent la prière d'Adhémar :

Salut ô Reine, tournez vers nous vos regards miséricordieux.

ANTIENNE DU PUY

Salve, Regina, Mater misericordiæ, vita, dulcedo et spes nostra, salve. Ad te clamamus, exules filii Evæ, ad te suspiramus, gementes et flentes in hac lacrymarum valle. Eia, ergo, advocata nostra, illos tuos misericordes oculos ad nos converte, et Jesum benedictum fructum ventris tui, nobis post hoc exilium ostende : O Clemens ! ô pia ! ô dulcis Virgo Maria !

Salut, Reine, mère de miséricorde, notre vie, notre douceur, notre espérance ; Salut ! Exilés, enfants d'Eve, nous élevons nos cris vers vous, vers vous nous soupirons gémissant et pleurant, dans cette vallée de larmes. De grâce ô notre avocate, tournez vers nous vos regards miséricordieux : et après cet exil, montrez-nous Jésus le fruit béni de vos entrailles. O clémente ! ô bonne ! ô douce Vierge Marie.

www.ingramcontent.com/pod-product-compliance
Lightning Source LLC
LaVergne TN
LVHW021700080426
835510LV00011B/1500